103歳の食卓

母とつくり上げた卓上クッキング

荻野恭子

この本は、母と娘の最初で最後の
共同作業かもしれません。

プレジデント社

プロローグ

母、阿部ハルから教わったこと

荻野恭子

母は令和3年6月に、１０３年の天寿をまっとうし、自分のベッドで安らかに人生の終日を迎えました。私も70歳になり、やれこっちが痛いとか、あそこの調子が悪いなどと、もう若くはないことを実感するようになった今、１００歳を超えてもなお自力で生活をしていた母の凄さに改めて感動を覚えるようになりました。母の日々の生活の中に、最期まで元気でいるためのヒントがたくさん詰まっていたのだ、と気がつきました。

私は今まで多くの国に旅をして、その土地で料理を習い、日本でつくれるレシピに置き換えて、世界の家庭料理を楽しんでいただく提案をしてきました。しかし、母が亡くなってからは、間近に見てきた「母の生活の知恵」を一人でも多くの方々にお伝えすることこそが、料理研究家の私にできる集大成となる仕事なのではないか、と思うように

母の100歳の誕生日は、

銀座のフランス料理店でお祝いをしました。

真ん中が母の阿部ハルです。

左の、姉、阿部チヅ子と私をはじめ、家族や親戚と

賑やかに食事とワインを楽しみました。

撮影／家族

なりました。

母は、大正8年3月5日、横浜生まれ。6人兄弟の上から二番目の長女だったこともあり、小さいときから母親代わりに弟や妹の面倒を見ていたと言います。そのせいか、大人になっても面倒見がよく、仕事でも、私生活においても、せっせと人の面倒を見ている母の姿を思い出します。子供の頃から手先が器用だったので、洋裁学校に行って技術を学び、卒業後は洋裁店を営んでいました。

父との結婚を機に、家業の天ぷら屋に入り、女将として長く父を支えました。慣れない仕事だった上

に、お姑さんも一緒だったので、さぞかし大変だったことと思いますが、母の口から文句や愚痴を聞いたことはありませんでした。母は好奇心が旺盛で、何ごとも素直に受け入れる心を持っていたことが幸いしたのか、日々、朗らかに歌を口ずさみながら楽しそうに仕事と家事をしていました。これは最期まで変わりませんでした。

　このように阿部ハルの日常には、自然体で実践してきた健康に生きるコツがたくさんあります。とりわけ、母が大切にしていたのは「料理をつくる」ことです。台所に立って料理をするのがしんどくなってからは、食卓に座ってでも料理をつくり続けました。母は赤ワインが大好きだったので、自作の料理で毎日のように晩酌を楽しんでいました。なんと、亡くなる2か月前まで赤ワインを飲んでいましたから筋金入りの飲兵衛でした。

　こうやって母を思い返していると、「こういう人が、元気で長生きするのだ」と実感できます。楽しく健やかに歳を重ねるために、母が残したたくさんのメッセージを、みなさまにお伝えできたらと思います。

座ったままでいいんです！

本誌でご紹介する
「卓上クッキング」とは、
料理を楽につくるために、
そして最期まで
料理をつくり続けるために、
食卓に座ったままで
調理をしましょう、
という提案です

「少ない材料」を使い、
「最小限の調味料」で味をつける。
これが、食卓という限られたスペースで
料理をつくる「卓上クッキング」の極意です。
この本で紹介する料理は、
だしもみりんも酒も使いません。
旨味調味料の助けも借りません。
それでも美味しくできるのは、
かつお節やちりめんじゃこなど
旨味の出る食材を「具」として使う、
味がしみにくい食材には下味をつけるなど、
ちょっとした工夫があるからです。
素材の味を無駄なく十分に活用することで

私が結婚したときに分けてもらった
糠床は養生しながら今も元気。
母の糠床が水っぽくなってきたら
私が持ち帰り、
元気な糠に入れ替えて母のところに。
往復書簡ならぬ、往復糠床。
この糠床は祖母から引き継いだもの。
親子3代、お世話になっています。

料理を美味しくするのです。
これは究極の引き算料理と
言ってもいいかもしれません。
加熱は、卓上で使える
一人用のホットプレートを利用します。
焼く、炒めるはもちろんのこと、
煮る、蒸す、炊くと、
驚くほどに活躍してくれます。
しかも火を使わないから安心、安全です。
「食べることは生きること」。
元気に長生きするために、卓上クッキングで
一日でも長く料理を続けてください。
これが本書をお届けする最大の願いです。

目次

第2章 日常を楽しみ 人を愛する心言行

エピローグ

老いには ウォーミングアップが必要 これが最後に 母から教わったこと

この本の使い方

●小さじ1は5mℓ、大さじ1は15mℓ、1カップは200mℓです。

●塩は自然塩を使っています。

●加熱調理は一人用ホットプレート（詳しくはP18参照）を使っていますが、コンロ、電磁調理器でも同様につくれます。使用したホットプレートは料理によっては2人分程度つくれるので、多い場合は保存容器に移して冷蔵庫で保存し、次回の食事で召し上がってください。

第❶章

１０３歳は料理の積み重ね

母は１０３歳で亡くなるまでに、
私に３回「主婦をやめる」と言いました。
３回とは、夫の死、
同居している私の姉の退職、
そして自身の怪我でした。
母にとっての主婦とは
家族のために料理をすること。
「もう料理をしない」と言うのです。
その都度、
「料理をやめてしまったら
ボケちゃうよ」
と、私は言いました。

母はボケたくないという一心で
3回とも主婦を続ける、
つまり料理をつくり続ける決心をしました。
料理とお酒を楽しむことが
大好きだったことと、
ボケるということに
強い抵抗感を抱いていたからです。
毎日の料理と食事。
それが10年、20年、30年と積み重なって
最期まで健康な生活を営める……。
身をもって私に教えてくれたことに
感謝しています。

小さなまな板にペティナイフ、そして一人用ホットプレート調味料はコンパクトにまとめて食卓にセットこれで卓上クッキングの準備完了！

あるとき、母が「料理をするのがちょっとしんどい」と言い出しました。85歳の頃だったと思います。確かに切ったり焼いたり煮たりの作業は、基本、立って行ないます。歳をとれば当然筋力も低下してきます。料理をつくることは、足腰が弱くなってきている老人には結構きつい作業なのだということに気がついた私は、「お母さん、座って料理をつくれば？」と声をか

にらや細ねぎなどはキッチンバサミが重宝します。三つ葉や小松菜もキッチンバサミにお任せ。ピーラーは皮をむくだけでなく帯状にスライスするのも得意。

けたのです。食卓に材料や調味料を準備して、座ったままで調理をするというわけです。「それはいいわね！」と、即実行！これが「卓上キッキング」の始まりでした。

母と私は、チーズボードのような小さなまな板、ペティナイフ、キッチンバサミ、ピーラーを卓上に用意しました。場所が限られたテーブルでは、小さな道具類が使いやすいのです。調味料はコンパクトにまとめて食卓にセットしておきます。いちいち台所に取りに行くのは大変ですもの。また、酸化したり、香りが飛んだりしないように、容量の少ないものを選ぶのもポイントです。

火元はＩＨクッキングヒーターなら安心です。ＩＨ用の小ぶりな鍋の準備も忘れずに。しばらくして一人用のホットプレー

調味料や油類は小さめのものをそろえて、食卓にセットしておくと便利です。木製のミニおかもちは、手先が器用だった母のお手製。キットになっていたパーツを組み立てたそうです。

トを見つけました。これこそ卓上クッキングにうってつけです。焼き物はもちろん、蒸したり煮たりもお手のもの。保温にしておけば鍋料理も冷めることなく最後まで楽しめます。シンプルなデザインなので、調理をしたら、そのまま卓上で食器としても使えますから片づけも楽ちんなのです。しかも、手頃な価格ということも魅力です。強い味方の登場となりました。

　やってみればとても楽に料理がつくれる、と母も大絶賛。母の卓上クッキングは日々進化していきました。調味料をまとめて入れて

おけるおかもちをつくったり、キッチンバサミも器用に使いこなすようになりました。

料理をするということは、いろいろな作業を並行して行なわなければなりません。頭も体も大いに使います。手先を動かす作業もたくさんあります。料理には健康で長寿であるためのキーワードがぎっしりと詰まっています。もちろん、食べたいものが食べられる喜びも大きいですよね。

体を強いることなく楽に料理がつくれる「卓上クッキング」。座って料理をつくるなんてことを提唱している人は見かけません。私は母のひと言から思いつきましたが、今後、健康寿命を延ばしていくためにも、卓上クッキングの楽しさをたくさんの方たちにお伝えしていきたいと思っています。

イチオシのホットプレート。一人用とありますが、2人分（2回分）ほどたっぷりつくれます。着脱式で鍋プレートと波型プレートを使い分けられます。

ホットプレートYHC-W600
幅24.5×奥行23cm。山善
https://yamazenbizcom.jp/item/1523756.html

卓上クッキングで しゅうまいを つくります

しゅうまい

ポリ袋でモミモミ。楽しみながらつくるのが母のやり方です。

材料（1〜2人分）

豚挽き肉…150ｇ
玉ねぎ（みじん切り）
…¼個分
片栗粉…大さじ½
しゅうまいの皮
…12枚

調味料
塩…小さじ½
砂糖…小さじ¼
胡椒…少々
醤油…小さじ1
胡麻油…大さじ½

つくり方

❶
ポリ袋に挽き肉と調味料を入れて全体をモミモミし、玉ねぎ、片栗粉を入れる。

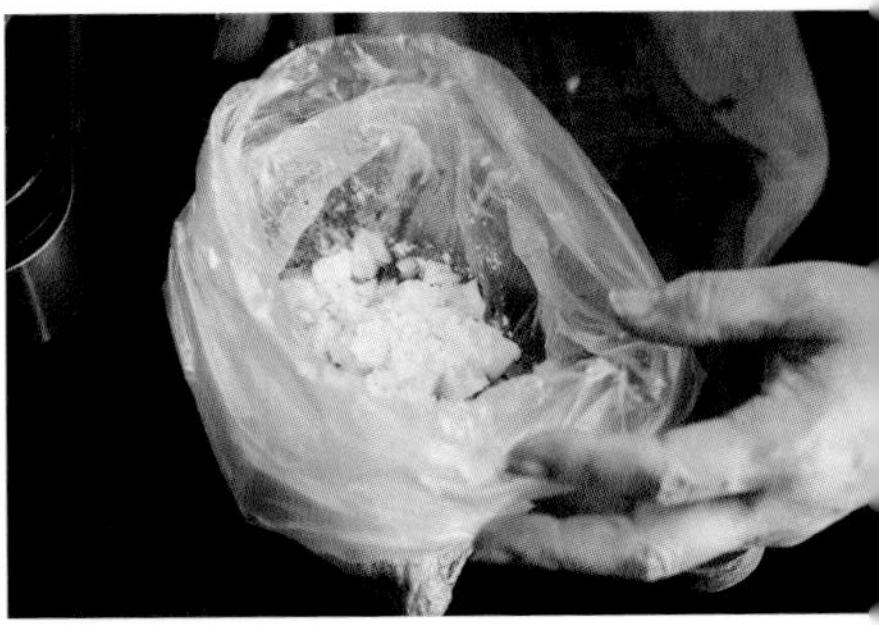

❷
具が均一に混ざるまで全体をモミモミする。

❸
袋の口を結び、片方の角を切り、その穴からトレイに並べたしゅうまいの皮にたねを絞り出していく（山盛り大さじ1程度）。

❹
茶巾絞りのように、
上の口を
少しつぼめるようにして
形づくる。

❺
ホットプレート（鍋）に並べて
水¼カップ（分量外）を加え、
中火で10分、蓋をして蒸す。

ポトフ

材料（1〜2人分）

鶏ささみ…2本
鶏ささみの下味用
　塩、胡椒…各少々
玉ねぎ（小）…¼個
にんじん…¼本
じゃがいも…1個
キャベツ…⅛個
オリーブオイル…大さじ1
水…2カップ
塩…小さじ1
胡椒…少々

つくり方

❶ ささみは4等分のそぎ切りにして下味用の塩、胡椒をまぶす。玉ねぎは2等分する。
にんじん、じゃがいもは4等分にする。

❷ ホットプレート（鍋）にオリーブオイル、①とキャベツ、水、塩、胡椒を入れ、蓋をして15分弱火で煮る。

水が極上のスープに変身。塩だけの味つけだとは思えない深い味わいです。

しっかりした
旨味のあるささみを
母は上手に
使いこなしていました。

スパニッシュオムレツ

材料（1～2人分）

卵…3個
じゃがいも（小）…1個
玉ねぎ（小、粗いみじん切り）…¼個分
生ハム…2枚
塩、胡椒…各少々
オリーブオイル…大さじ2

つくり方

❶ じゃがいもは皮をむいて
4等分にしてから薄いいちょう切りにする。

❷ ホットプレート（鍋）にオリーブオイル、①、玉ねぎ、
塩、胡椒を入れて中火にかけ、じゃがいもに火が
通るまで蓋をして、ときどき混ぜながら蒸し焼きする。

❸ ボウルに卵を溶き、生ハムを手でちぎりながら
加えて混ぜ、②に加えて蓋をし、
弱火で卵が固まるまで蒸し焼きする。

生ハムの他に、ハムやソーセージ、チーズを加えても。

じゃがいも、玉ねぎは先に炒めて火を通しておきます。

少しぜいたくに
生ハムをプラス。
チーズプラスも
おすすめです。

麻婆春雨

材料（1～2人分）

春雨（ショートタイプ）…60g
合い挽き肉…100g
にんにく（みじん切り）…1片分
生姜（みじん切り）…1片分
豆板醤…小さじ1
煮汁
　水…1カップ
　醤油…大さじ1
　砂糖…小さじ½
　塩…ひとつまみ
長ねぎ（みじん切り）…5㎝分
胡麻油……大さじ2

つくり方

❶ 春雨は水でもどす。

❷ ホットプレート（鍋）に胡麻油大さじ1を熱し、
挽き肉を入れて炒め、
豆板醤、にんにく、生姜を加えて炒め合わせる。

❸ 煮汁の材料と①を入れ、
蓋をして弱火で5分ほど煮る。
胡麻油大さじ1、長ねぎを加えて炒め合わせる。

春雨が大好きだった
母の定番おかずです。

さんまの蒲焼き丼

材料（1人分）

さんまの蒲焼き（市販品、缶詰）…½缶
青じその葉…5枚
白煎り胡麻…適量
海苔…適量
温かいご飯…150g

つくり方

青じその葉は細切りにする。
丼にご飯を盛って海苔をもんで散らし、
さんまを汁ごとのせ、白胡麻、青じそを散らす。

少量のご飯も上手に炊けます

材料（2〜3人分）

米…1カップ
水…1½カップ

つくり方

米は洗って15分浸水させ、
水をきった米と水を
ホットプレート（鍋）に
入れて蓋をする。強火にかけて
沸騰したら弱火にして15分ほど炊き、
火を止め、5分蒸らす。

市販のつまみ缶詰も
香りを添えるだけで
立派なごちそうに。

母の好物は、ステーキと赤ワイン

母は肉が好きでした。医学者の日野原重明先生や作家の瀬戸内寂聴さんの肉好きは有名ですが、それに負けずとも劣らずの肉好き。「塊肉じゃないと肉を食べた気がしない！」とまで言っていたほど。その上、赤ワインも大好きだったのでステーキと赤ワイン、という夕食も少なくありませんでした。１００歳の誕生日はフレンチレストランでお祝いをしましたが、ミディアムのステーキを残さずにいただき、赤ワインを楽しんでいました。グラスに少し残っていたワインも、気がつけばデザートの後には飲み干していたのも母らしい思い出です。

　高齢になると食べる全体量が減ることもあり、タンパク質が不足しがちです。肉にはタンパク質はもちろん、元気の素になるアミノ酸が多く含まれていますし、コレステロールも豊富です。悪者にされがちなコレステロールですが、動物には欠かすことのできない脂質の一種で、血管を強くしたり、物事への関心を高めるような精神的効果も期待できるそうですから、肉は積極的に食べたい食材ですね。

　母は食べることが好きだったこともあり、毎回の食事をとても楽しんでいました。たまの外食は楽しみも増していたようです。感謝して楽しみながら食べる料理は血となり肉となり、健康寿命を長く保ってくれていたのだと思います。

ワインにはポリフェノールがたっぷり含まれています。ポリフェノールとは植物がつくり出す抗酸化物質の総称。赤ワインはその含有量が多く、中でも抗酸化力がとても強いアントシアニンやレスベラトロールを多く含んでいます。

ビーフステーキ

材料（1〜2人分）

牛ヒレ肉（ステーキ用）…1枚（200g）
しめじ…80g
もやし…½袋
ピーマン…1個
塩…適量
粗挽き黒胡椒…適量
米油*、バター…各大さじ½

＊綿実油や菜種油など香りの少ない植物油で代用可能

つくり方

❶ 牛肉に塩小さじ¼、胡椒少々を適量ふる。
ピーマンは種を取って縦に4等分する。
しめじは石づきを取って大きくほぐす。
できればもやしのひげ根を取る。

❷ ホットプレートの鉄板に米油を熱して牛肉を焼く。
周りに野菜を入れて塩、胡椒各少々をふり、
蓋をして中火で蒸し焼きにし、
仕上げにバターを加える。

牛肉に焼き色がついたら野菜を入れ、蓋を置いて蒸気で野菜に火を通していきます。

ワインをグラスに
注いで準備完了。
肉汁がからんだ
野菜もおいしいのです。

豚肉の生姜焼き

材料（1～2人分）

豚肉（生姜焼き用）…150g
玉ねぎ（小）…¼個
キャベツ…1枚
トマト…¼個
生姜だれ（混ぜ合わせる）
　生姜（すりおろし、汁ごと）…1片分
　醤油…大さじ1
　砂糖…大さじ½
　塩、胡椒…各少々
胡麻油…大さじ½

つくり方

❶ 玉ねぎは5㎜幅の薄切りに、
キャベツはせん切りにして器に盛り、
トマトはくし形に切ってキャベツに添える。

❷ ホットプレート（鍋）に胡麻油を熱して
豚肉を広げて入れ、玉ねぎも加えて焼きつける。
生姜だれをかけ、蓋をして中火で5分焼く。

❸ 全体を混ぜて器に盛る。

蓋をして
蒸し焼きにすれば
ふっくら
ジューシーに。

焼き肉レタス包み

材料（1～2人分）

牛肉（網焼き用）…150g
えごまの葉…6枚
サニーレタス…2枚
胡麻油…適量
唐辛子味噌（つくりやすい分量、混ぜ合わせる）
　味噌…50g
　砂糖、胡麻油…各大さじ1
　白煎り胡麻…小さじ1
　粉唐辛子…小さじ¼

つくり方

❶ 唐辛子味噌を混ぜ合わせる。

❷ ホットプレートの鉄板に胡麻油をひき、牛肉を焼いて、サニーレタス、えごまの葉にのせ、唐辛子味噌を添えて食べる。

混ぜるだけの
唐辛子味噌は万能。
にんにくや生姜を加えても。

胡麻、海苔、豆、ナッツ……
いつも身近に置いて食べていた
「まごわやさしい」が、長寿の原点

　胡麻、海苔、豆、ナッツ、さつまいもも母の好物でした。漬物を海苔で巻いたり、野菜に胡麻をふったり。そしておやつといえば小魚、ナッツ、胡麻せんべいをつまんでいました。母のつくるさつまいもを入れた蒸しパンは、それはそれは美味しくて今でもときどき食べたくなります。

「まごわやさしい」をご存知でしょうか？　健康に良いとされている食材の語呂合わせです。

ま＝豆類（タンパク質やマグネシウムが摂れる）
ご＝胡麻やナッツ（タンパク質やミネラルが摂れる）
わ＝わかめ、海苔、ひじきなどの海藻（ミネラルが摂れる）
や＝野菜（ビタミンやミネラルが摂れる）
さ＝魚、魚介類（タンパク質や魚によってはＤＨＡやＥＰＡが摂れる）
し＝しいたけなどのきのこ類（ミネラルや食物繊維が摂れる）
い＝いも類（炭水化物や食物繊維が摂れる）

日本人が食べてきた食材には体に良い栄養素が含まれています。母が好んで食べていたものの多くは「まごわやさしい」です。食べること＝健康ですから長寿の原点はここにあったのだと思います。母の場合「わ」にはワインも含まれていましたが！

1日2食の母にはおやつは必須でした。カルシウムや鉄分などのミネラルはおやつから摂っていたように思います。ストックしてあるおやつの中から食べたいものを選んでポリポリ。穏やかで平和な時間が流れていました。

そら豆と帆立の炒め物

材料（1～2人分）

帆立（貝柱）…6個
帆立の下味用
　塩、胡椒…各少々
　片栗粉…小さじ1
そら豆…（正味）100g
長ねぎ…½本
生姜…1片

A
　塩…小さじ½
　砂糖…小さじ¼
　胡椒…少々
　片栗粉…小さじ1
　水…大さじ3
米油…大さじ2

つくり方

❶ 帆立に下味用の塩、胡椒をまぶし、片栗粉をふる。
そら豆は皮をむく。
長ねぎは斜め薄切りに、生姜は薄切りにする。
Aは混ぜ合わせる。

❷ ホットプレート（鍋）に米油大さじ1を熱して
ねぎと生姜を軽く焼き、
帆立とそら豆を加えて炒め合わせる。

❸ 調味料と水を加え、全体を混ぜてとろみをつけ、
米油大さじ1を回し入れる。

豆好きの母が
とくに好んだそら豆は
冷凍でもＯＫ。
ストックできて
便利です。

鯖とショートパスタのトマト煮

材料（1～2人分）

鯖缶（水煮）…1缶（150g）
トマトの水煮（缶詰、カットタイプ）…200g
にんにく（薄切り）…1片分
赤唐辛子…1本
水…¼カップ
塩…小さじ¾
砂糖…小さじ¼
オリーブオイル…大さじ2
ショートパスタ…100g

つくり方

❶ ホットプレート（鍋）にオリーブオイルとにんにく、種を取った赤唐辛子を入れて弱火にかけ、香りが出たらトマトと、鯖を缶汁ごと加え、水、塩、砂糖を入れ2～3分煮る。

❷ ショートパスタを加え、柔らかくなるまで煮る。

ショートパスタは早ゆでタイプが食感も柔らかくておすすめです。フジッリタイプならソースもたっぷりからんで食べ応えも十分。

缶詰の蓋も
自力で開けていた母。
缶詰は頼りになる
ストック食材です。

えのきとしめじのベーコン炒め

材料（1～2人分）

えのき茸…1袋（100g）
しめじ…1袋（150g）
ベーコン…60g
にんにく（薄切り）…1片分
バター…大さじ2
カレー粉…小さじ1
塩…小さじ¼
レモン（くし形切り）…1切れ

つくり方

❶ えのきは石づきを切り落として4等分にし、
しめじは石づきを取って小房に分け、
ベーコンは1cm幅に切る。

❷ ホットプレート（鍋）に
バター、にんにくを入れて弱火にかけ、
香りが出たら①、カレー粉、塩を加えひと混ぜし、
蓋をして全体がしんなりするまで弱火のまま蒸す。
器に盛ってレモンを添える。

えのきが大好きだった
母のお気に入り
メニュー。
カレーバター味で
旨味たっぷりです。

さつまいもの蒸しパン

材料（つくりやすい分量）

さつまいも…50g
薄力粉…100g
ベーキングパウダー…小さじ1
水…80㎖
黒砂糖…50g

つくり方

❶ さつまいもはさいの目切りにして
柔らかくゆでて、ゆで汁をきる。

❷ ボウルに薄力粉とベーキングパウダーを入れ
よく混ぜ、水を加えて混ぜる。
①の⅔量と黒砂糖⅔量を加えて混ぜ、
アルミカップに入れて
残りのさつまいもと黒砂糖を散らす。

❸ ホットプレートに水½カップ（分量外）を入れて
②を並べ入れ、布巾で包んだ蓋をして
弱火で10分ほど蒸す。

布巾で蓋を包んで、蒸しパンに水滴が落ちないようにするのがポイントです。

私の祖母の故郷、
宮城県の素朴なおやつです。
トッピングの黒砂糖が絶妙。

野菜も大好き
野菜から食べるベジファースト

肉が大好きな母でしたが、肉だけを食べていたわけではありません。サラダや煮物などで野菜もしっかり摂っていました。そして誰から教わったのかはわかりませんが「母流の食べ方」がありました。肉が好きだからといって最初から肉に飛びつくのではなく、まずはサラダを食べます。野菜も好きだったから自然に箸が動いたのかもしれません。それからステーキや焼き肉などの肉料理を食べて赤ワインです。ゆっくり肉と赤ワインを楽しんでから、ご飯と漬物で夕食を締めくくります。

野菜を先に食べて、ご飯を最後にすると血糖値の上昇が緩やかになります。

それだけでなく、野菜はナトリウムの排泄を促す効果があるとも言われています。

母は知識ではなく、動物的な感性でそうしていたのでしょうが、その食べ方はとても理にかなっていました。誰でもちょっと気をつければできることですから、今日からでも実践していきたいものです。

母はタイで買ってきた小さな物入れに塩と砂糖を入れて卓上に常備していました。塩は自然塩、砂糖はきび砂糖を使っていました。

なすと豆腐の炒め煮

材料（1〜2人分）

長なす…1本（170g）
木綿豆腐…½丁（175g）
塩…ひとつまみ
砂糖…大さじ½
醤油…大さじ1
米油、胡麻油…各大さじ1
白煎り胡麻…小さじ½

つくり方

❶ なすは縦4等分にしてから2㎝幅に切る。
豆腐はキッチンペーパーで水分を取ってから
大きめの一口大に切る。

❷ ホットプレート（鍋）に米油を熱してなすを入れ、
塩をふってしんなりするまで炒める。

❸ 胡麻油、豆腐、砂糖、醤油を加えてひと混ぜし、
蓋をして弱火で5分ほど煮る。
器に盛って胡麻をふる。

祖母の故郷、宮城県の郷土料理で小さいときからよくつくってくれました。現地では豆腐ではなく油麩でつくることが多いようです。先になすに塩をふって下味をつけると仕上がりの味が決まります。

私が子供の頃から
よく食卓にのぼった
おかずは、
卓上クッキングでも
定番メニューでした。

にんじんの明太子炒め

材料（1〜2人分）

にんじん…1本（150g）
水…大さじ3
辛子明太子…½腹（50g）

つくり方

❶ にんじんはピーラーで板状に薄くスライスして
ホットプレート（鍋）に入れ、
水を加えて蓋をし、弱火で3分ほど火を通す。

❷ 明太子を入れほぐしながら
全体に炒め合わせる。

にんじんはピーラーで帯状にスライスすると作業も楽だし、にんじんのちょっと変わった食感が楽しめます。

魚卵好きの
母のお気に入り。
調味料なしですが
旨味はたっぷり、
食べ応えもあります。

小松菜と油揚げの卵とじ

材料（1〜2人分）

小松菜…1袋（200g）
油揚げ…1枚
卵…1個
煮汁
- 水…½カップ
- 削り節…1パック（4g）
- 醤油…大さじ½
- 砂糖…大さじ½
- 塩…小さじ¼

つくり方

❶ 小松菜は2㎝長さのざく切り、
油揚げは短冊切り、卵は溶きほぐす。

❷ ホットプレート（鍋）に
小松菜、油揚げ、煮汁の材料を入れ、
蓋をして弱火で2〜3分煮る。

❸ 溶き卵を流し入れ蓋をして火を止め、
卵が半熟状になれば出来上がり。

小松菜はキッチンバサミで切るとまな板も使わずに作業できて便利です。

削り節を直接入れればだし汁いらず。青菜がたっぷり食べられます。

シャキシャキ、カリカリ しっかりと嚙む食べ物が好き

「老人は柔らかいものが好き」と思われがちですが、母は歯ごたえのあるものを好んで食べていました。ステーキ然り、シャキシャキの生野菜サラダも好き。中華料理を食べに行けば、カリカリに焼いた麺にあんをかけた広東風焼きそばを必ず注文していました。また、ナッツや食べるイリコは母の定番おやつ。おかゆもご飯からつくったものは好まず、米から炊いたのが好き、とはっきりしていました。米の粒をしっかり感じられるものが美味しいと。総入れ歯だったのに！

パタカラ運動（P96参照）のおかげか、おしゃべりのおかげかわかりませんが、口周りの筋力が衰えていなかったのでしょう。噛むことへの労力はまったくいとわず、シャキシャキ、カリカリを楽しんでいました。

噛むことは健康の基本、とも言われています。まず、噛んでいると唾液の分泌が良くなり、口の中を清潔に保ってくれます。唾液に含まれる酵素は消化を助けるので胃腸の負担を減らしてくれます。さらに、顎を動かすことで顔の骨や筋肉が動き、これによって血流が良くなり、脳に酸素や栄養が十分に送れます。結果、脳細胞の働きが活発になるので判断力や記憶力が良くなり、注意力や集中力もアップするとか。とにかくいいことづくめ。噛むってすごいことなのですね。

「グチュグチュペッ！　ガラガラペッ！」子供にうがいを教えるときの合言葉です。体操教室で教わり、朝に夕に、愛用のコップでうがいをして口腔ケアを心がけていました。うがいは口周りの筋肉も使うので誤嚥（ごえん）を防ぐとも言われています。

広東風あんかけ焼きそば

材料（1～2人分）

焼きそば麺（蒸し）…1袋
米油…大さじ2
豚肩ロース肉（薄切り）
　…60g
豚肉の下味用
　塩、胡椒…各少々
キャベツ…1枚
にんじん…20g
ピーマン…1個

A
醤油…大さじ½
塩…小さじ⅓
砂糖…小さじ½
胡椒…少々
干し海老
　…大さじ1
水…½カップ
片栗粉…小さじ1

胡麻油…大さじ1

つくり方

❶ Aを合わせておき、干し海老をもどす。

❷ 豚肉は一口大に切って下味用の塩、胡椒をまぶす。
キャベツは1cm幅のざく切り、にんじんは拍子木切り、
ピーマンは種を取って縦8等分に切る。

❸ ホットプレート（鍋）に米油を熱し、焼きそば麺を広げ、
そのまま中火で両面を焼いて皿に盛る。

❹ 続いて豚肉を炒め、野菜も加えて炒め合わせる。
①を加えて混ぜ、とろみが出てきたら
胡麻油をたらし混ぜ、③の麺にかける。

焼きそば麺はホットプレート（鍋）に入れたらあまり動かさずに焼き目がつくまで焼き、裏に返して同様にして両面に香ばしい焼き色をつけます。

あんがからんだ
カリカリの麺は絶品。
外でも家でも
焼きそばは
これ一筋でした。

餃子

材料（1〜2人分）

豚挽き肉……120g

挽き肉の下味用

- 醤油…小さじ1
- 塩…小さじ½
- 砂糖…小さじ¼
- 胡椒…少々
- 水…大さじ2
- 胡麻油…大さじ1

にら（粗いみじん切り）…½束分

長ねぎ（粗いみじん切り）…10㎝分

生姜（すりおろし）…1片分

餃子の皮…12枚

米油…適量

酢、胡椒…各適量

つくり方

❶ ポリ袋に挽き肉と下味用の材料を入れてよくモミモミし、
にら、長ねぎ、生姜を加えざっくり混ぜる。
袋の口を結び、底の1か所を切る。

❷ トレイに餃子の皮を並べ、
①を山盛り大さじ1ほどずつ絞り出す。
皮の縁に水をつけて
両サイドを開けたまま上部の皮をくっつける。

❸ ホットプレート（鍋）に米油小さじ1を入れ、
②を放射線状に並べ、水大さじ3（分量外）を
入れて蓋をし、中火で10分ほど焼く。
蓋を取り、米油大さじ1をたらして
餃子の底を揚げ焼く。
酢に胡椒をふり入れた酢胡椒で召し上がれ。

ひだを寄せずに
皮で中身を
挟んだだけの
棒餃子風。
手軽です！

海老とセロリの塩炒め

材料（1～2人分）

海老（殻つき）…６尾
海老の下味用
　塩、胡椒…各少々
セロリ…１本
長ねぎ…10㎝
生姜（薄切り）…１片分

A
　塩…小さじ¼
　砂糖…小さじ¼
　胡椒…少々
　片栗粉…小さじ½
　水…大さじ２

米油…大さじ２

つくり方

❶ セロリの葉は２㎝長さのザク切りに、
茎は縦２等分してからそぎ切りする。
長ねぎは斜め薄切りにする。
海老は殻と背ワタを取って２等分し、
下味用の塩、胡椒をまぶす。
Aは混ぜ合わせる。

❷ ホットプレート（鍋）に米油大さじ１を熱し、
ねぎと生姜を入れて炒め、香りが出たら
海老を加えひと混ぜする。

❸ セロリを加えて炒め合わせ、
Aを加え、全体を混ぜてとろみをつける。
米油大さじ１を回し入れて仕上げる。

火を通してもなお
シャキシャキのセロリは
香りもごちそうです。

パエリヤ

魚介はシンプルに
2種類ですが、
華やかなごちそうに
仕上がりました。

材料（2〜3人分）

米…1カップ
鯛…1切れ
海老（殻つき）…4尾
魚介の下味用
　塩、胡椒…各少々
玉ねぎ（みじん切り）
　…¼個分
にんにく（みじん切り）
　…1片分
トマトの水煮
（缶詰、カットタイプ）
　…¼カップ
生ハム…2枚
パプリカパウダー
　…小さじ½
塩…小さじ½
胡椒…少々
水…2カップ
オリーブオイル…大さじ2
パセリ（粗いみじん切り）、
　レモン…各適量

つくり方

❶
海老は殻のまま背ワタを取って
鯛とともに下味用の塩、
胡椒をふる。
ホットプレート（鍋）に
オリーブオイル大さじ1を
熱して海老と鯛の両面を焼き、
取り出す。

❷
続けて
オリーブオイル大さじ1、
玉ねぎ、にんにくを
入れて炒める。

❸
トマトの水煮を
加えて混ぜる。

❹
生ハムはちぎりながら加え、
パプリカパウダーを加えて
炒める。

❺
米を加えてひと混ぜし、
上面をならして
海老と鯛をのせ、塩、胡椒、
水を入れる。

❻
蓋をして中火で10分炊き、
弱火にして水分が
なくなるまで炊く。
パセリを散らし、
レモンをくし形に切って添える。

モミモミ
副菜
カタログ

「モミモミ」で握力をつけよう!

袋を使った「モミモミ調理」で副菜つくりおき これが母の得意技

母の一日の食事は、朝昼を兼ねたブランチと夕食の2食でした。ブランチはパンにチーズや生ハム、ソーセージと野菜。夕食は肉や魚介の主菜に野菜、そして少量のご飯。こんな具合に朝夕とも簡単な献立にしていました。

漬物が好きだった母は、朝に夕にとサラダ感覚で漬物を食べていました。そこで役に立ったのが「モミモミ調理」です。ジッパーつき保存袋に野菜と調味料を入れてモミモミすれば、簡単に漬物が出来上がります。漬物だけにとどまらないのがモミモミの頼もしいところ。サラダや和え物、スープに至るまでいろいろな副菜がつくれます。

モミモミ副菜にはフレッシュな野菜に加えて市販の乾燥野菜もおすすめです。野菜を切ってから乾燥させてあるので包丁いらず。乾物特有の滋味あふれる風味と、しっかりとした歯ごたえが気軽に楽しめます。味つけは自由自在。塩、醤油、味噌をベースに胡麻を入れたりピリ辛にしたり、旨味出しにじゃこや桜海老も重宝します。チャレンジ精神旺盛な母は、素材と味をいろいろに組み合わせてアレンジを楽しんでいました。数種類つくってストックしておけば副菜には困りません。実は「酒のあて」につくっていたのかも。

モミモミ調理は火を使わずにできますから、これぞ卓上クッ

「ポリ袋漬けのすすめ」（文化出版局刊）は、母が90代半ばの頃に刊行しました。それ以降、母の副菜づくりは「モミモミ」が主流になりました。

キングの極みです。さらに嬉しいのは、「モミモミ」は手の運動になるということ。くるみやボールを「にぎにぎ」するのと同様に、握力アップに大いに役立ちます。おいしい副菜をつくるだけではないところが、母がモミモミにハマっていた理由だと思います。

モミモミ後に冷蔵庫でストックしておけば、毎日の副菜に困ることはありません。空気を抜いて保存するのがポイントです。3～4日はおいしく食べられます。

きゅうりと生姜の漬物

定番の漬物こそ、モミモミで!

材料（つくりやすい分量）

きゅうり…2本
生姜…1片
塩…小さじ1
砂糖…小さじ¼

つくり方

きゅうりは1㎝幅の輪切りに、
生姜は薄切りにして
ジッパーつき保存袋に入れ、
調味料を加え、
全体がなじむまでモミモミする。
空気を抜き、密封して保存。

コールスロー

さっぱりドレッシング味の西洋漬物的サラダです。

材料（つくりやすい分量）

キャベツ（細切り）…200g
にんじん（細切り）…30g
玉ねぎ（薄切り）…¼個分

ドレッシング
塩…小さじ1
砂糖…小さじ½
酢…大さじ1
胡椒…少々
米油…大さじ2

つくり方

ジッパーつき保存袋に
キャベツ、にんじん、玉ねぎを入れて混ぜ、
ドレッシングの材料を入れ、
全体がなじむまでモミモミする。
空気を抜き、密封して保存。

小松菜の塩昆布和え

昆布の旨味が調味料。手軽さがいちばん!

材料（つくりやすい分量）

小松菜…1袋200g
塩昆布…大さじ1
塩…小さじ¼
砂糖…少々

つくり方

ジッパーつき保存袋に
小松菜を2㎝長さのざく切りにして入れ、
塩、砂糖を加えて混ぜ、
塩昆布も加えて混ぜ、
全体がなじむまでモミモミする。
空気を抜き、密封して保存。

パプリカのクリームチーズ和え

くるみの香ばしさとレーズンの甘みが絶妙です。

材料（つくりやすい分量）

パプリカ（赤）…1個
レーズン…20g
くるみ…30g
クリームチーズ…100g
塩、粗挽き黒胡椒…各少々

つくり方

パプリカは種を取ってさいの目切りにして
ジッパーつき保存袋に入れ、
塩を加えてモミモミする。
レーズン、くるみ、クリームチーズを加えて
さらにモミモミ。
空気を抜き、密封して保存。
器に盛って粗挽き黒胡椒をふる。

ごぼうとにんじんの胡麻酢和え

モミモミにも乾燥野菜は重宝します。ストックがおすすめ。

材料（つくりやすい分量）

きんぴらごぼう用
乾燥野菜
…1袋（40g）

胡麻酢
- 白煎り胡麻…大さじ2
- 砂糖…大さじ1
- 酢…大さじ2
- 塩…小さじ½
- 水…½カップ

つくり方

ジッパーつき保存袋に乾燥野菜と水1カップ（分量外）を入れてモミモミし、水を捨てて袋の上から水気を軽く絞る。胡麻酢の材料を入れ、全体がなじむまでモミモミする。空気を抜き、密封して保存。

ごぼうとにんじんがミックスになったきんぴらごぼう用の乾燥野菜。乾燥のまま水分多めの和え衣の中でじわじわともどしつつ、味をしみ込ませていいきます。

ひじきとミックスビーンズのサラダ

乾燥ひじきも火を使わず副菜に。梅干しで爽やかに。

材料（つくりやすい分量）

ひじき（乾燥）
…20g

ミックスビーンズ
…100g

ドレッシング

- 種を取った梅干し…2個分
- 削り節…4g
- 砂糖…小さじ1
- オリーブオイル…大さじ1
- 水…½カップ

つくり方

ジッパーつき保存袋にひじき、水1カップ（分量外）を入れてモミモミし、水を捨てて袋の上から水気を軽く絞る。残りの材料をすべて加え、全体がなじむまでモミモミする。空気を抜き、密封して保存。

ミックスビーンズはひよこ豆や赤いんげんなど数種類の豆がミックスになっているので彩りも華やか。缶詰やパックなどで売られているのでストックしておくと便利です。

トマトのガスパチョ

材料（つくりやすい分量）

トマト…２個（400ｇ）
きゅうり（粗いみじん切り）
…大さじ２
玉ねぎ（粗いみじん切り）
…大さじ１
パプリカパウダー
…小さじ¼
塩…小さじ½
レモン汁…大さじ１
オリーブオイル
…適量

つくり方

トマトは角切りにして
ジッパーつき保存袋に入れ、モミモミしてつぶす。
パプリカパウダー、塩、レモン汁と
オリーブオイル大さじ２を加えて
さらにモミモミする。
空気を抜き、密封して保存。
器に盛ってきゅうりと玉ねぎを散らし、
オリーブオイル、パプリカパウダー各少々をふる。

ポテトサラダ

ポテトフレークはとても便利。牛乳を多めに入れるとスープもつくれます。

材料（つくりやすい分量）

ポテトフレーク…60g
プロセスチーズ…30g
あればドライビーツチップ
…大さじ1
塩…小さじ½
胡椒…少々
牛乳…300㎖

つくり方

チーズはさいの目切りにして
ジッパーつき保存袋に入れ、
牛乳以外の材料も加えてモミモミして混ぜ、
牛乳を入れ、さらにモミモミしてよく混ぜる。
空気を抜き、密封して保存。

ポテトフレークはじゃがいもを加熱、乾燥してフレーク状にしたもの。ドライビーツチップは栄養豊富なビーツをダイス状にカットして乾燥させたもの。ビーツチップはこちら。
https://www.pearlace.co.jp/know-and-fun/tips/post-102.html

切り干し大根の甘辛和え

桜海老は卓上に常備。いろいろな料理の旨味出しに使えます。

材料（つくりやすい分量）

切り干し大根用

乾燥野菜

…1袋（40g）

和え衣

水…1カップ

桜海老…大さじ1

醤油…大さじ1

砂糖…大さじ1

塩…小さじ¼

つくり方

ジッパーつき保存袋に切り干し大根、水1カップ（分量外）を入れモミモミし、水を捨てて袋の上から水気を軽く絞る。和え衣の材料を入れ、全体がなじむまでモミモミする。空気を抜き、密封して保存。

切り干し大根ににんじん、椎茸が入った乾燥野菜ミックス。彩りもよくて重宝します。

玉ねぎの味噌和え

ちりめんじゃこをたっぷり入れて旨味とカルシウムを強化。

材料（つくりやすい分量）

玉ねぎ…1個（200g）
味噌…50g
砂糖…小さじ1
ちりめんじゃこ…大さじ2

つくり方

玉ねぎは1㎝幅のくし形に切って
さっと水にさらす。
ジッパーつき保存袋に
味噌、砂糖、じゃこを入れ、
全体がなじむまでモミモミし、
玉ねぎの水気をきって加え、
さらにモミモミする。
空気を抜き、密封して保存。

第2章

日常を楽しみ
人を愛する
心言行

母は、料理をすること以外にも、
曜日を決めて外出をするなど
体を動かすことに積極的で、
自身で決めた日課を
実践することを大切にしていました。
これは、
母が新しいもの好きだったからだと思います。
母が70代の頃は、私の姉が赴任していた
タイに父と二人でちょくちょく出向き、
姉が仕事に出ている間に
土地の人たちと身振り手振りで会話を楽しみ、
タイ料理に舌鼓を打っていました。

「サワディー　カー」（こんにちは）、
「コップンカー」（ありがとう）、
「アロイ」（美味しい）などタイ語も覚えました。
どんなときでも
「楽しむ心」を忘れませんでした。
もう一つ。
母は、周囲の人にいつも声をかけていました。
これは母の人に対する愛であり、
人の役に立ちたいという使命感からだったのです。
母の元気で長寿の源は、
「日常を楽しみ、人の役に立ちたい」
という心と姿勢にあった、と思います。

まるでジャングル！　部屋を独占しているのは観葉植物です。おしゃべり好きな母は水やりのときに植物たちにも話しかけていました。植物が人間の言葉をわかるとは思いませんが、母の愛情は感じていたのでしょう。マンションの一室とは思えないくらいすくすくと育ち、見たことのない花まで咲かせたのですから。

撮影／荻野恭子

ゆう パック
サブレー

朝は自転車漕ぎから始まり、一日の生活を楽しむ

母の毎日は、とてもリズムよく時間が流れていました。起床は朝6時です。まずはベッドの上で脚の曲げ伸ばし体操から始めます。次に、自転車漕ぎのように両足をぐるぐる動かして体をほぐします。それから洗顔、塩水でのお口ケア、そして身繕い。1時間ほど、神仏への朝のお勤めを終えたらまた体操。今度はテレビに合わせて体全体を動かします。一仕事終えてからはお茶を飲みながら新聞を読んだり、テレビを観たりしてゆっくり時間を過ごします。

お腹が減ってきたところで、朝と昼を兼ねたブランチタイムです。香ばしく焼いたトーストに生ハムやチーズ、炒り卵をのせてオープンサンドにしたり、チーズやハムでピザトーストにしたり。とにかくチーズやハム、ソーセージが大好きでした。

午後は体操教室や書道教室へと外出したり、新聞やテレビで得た気になる情報を書き留めながら簡単な日記を書いたりと、何やら忙しそうに時間を過ごしていました。

夕方にはお風呂に入ったり、足や腰、首や頭を念入りにマッサージしたりして体の芯からほぐしていきます。リラックスした後に夕飯の準備にとりかかります。料理は献立を考えたり段取りをすることで頭を使いますし、手先の運動にもなります。買い物にも行かなくてはなりませんから、母の「元気な生活」

買い物メモをつくる作業は格好の脳トレですが、母にはもう一つの脳トレがありました。あらかじめ金額を決めてそれに合わせて計算しながら買う「暗算買い」です。計算が得意な母ならではの、エキサイティングな買い物スタイルです。

に大いに役立っていました。

夜は私と電話でおしゃべりをしながら一日を振り返ります。母のためにと毎晩のようにせっせと電話をしていましたが、気がつけば私の愚痴を聞いてもらっていることもしばしば。そんな時は「あなたも忙しいだろうから今日はこの辺で失礼しますね」と電話を切られたこともありました。思い返せば、母からは一度も愚痴というものを聞いたことがありませんでしたね。

1日を終えてベッドに入るのは12時近くでした。母はぼーっと時間を過ごすことはなく、なんだかんだ、こまごまと動いていました。じっとしているのが苦手だったのかもしれません。

母が愛用していたまごの手です。
肩や背中をトントンしていましたが、
足の裏やふくらはぎのマッサージも勧めたところ、即実行。
人のアドバイスを素直に受け入れるのも
母の柔軟なところでした。
血行が良くなると体に溜まった老廃物が
効率よく排出でき、体の中から健康になれるそうです。
私も、譲り受けたこのまごの手で
トントンするようにしています。
生前の母によく似てきました!

何かしら手を動かしていないと落ち着かない母は、
コツコツともやしのひげ根取りをしていました。
「昔ほど長いわけでもないし、
面倒だからひげ根なんて取らなくてもいいんじゃない？」
という私の意見は聞き流し、作業に熱中していました。
「確かに口の中に残ることもないけれど、
料理が見栄えよく仕上がるし、
ひげ根は取るにこしたことはないからね！」
大好きなもやしをおいしく食べたい
という母の小さなこだわりだったのかなと思っています。

歳をとってくると重い器はだんだん苦痛になってきます。
食べる量も少なくなりますから、
母は軽くて小ぶりな器を愛用していました。
ご飯茶碗も片手に収まるサイズの
「削《しの》ぎ」のものがお気に入りでした。
生地を削って施された縦線がおしゃれなのですが、
何よりも軽いのが魅力です。
大好きな赤ワインをいただくグラスもやや小ぶりでした。
ただ、こちらは何杯かおかわりしていました。

ピザトースト

ブランチの定番メニュー、大好きなチーズはたっぷりと

材料（1人分）

食パン（6枚切り）…1枚
ミニトマト…2個
オリーブオイル
…大さじ1
バジル…3枚
塩、胡椒…各少々
ピザ用チーズ…30g

つくり方

❶ ミニトマトはヘタを取って4等分に切る。
バジルは手で細かくちぎる。

❷ ホットプレート（鍋）に食パンを入れ、
トマト、バジルをのせてオリーブオイルをかけ、
塩、胡椒をふって、チーズを散らす。
蓋をして弱火でチーズがとろけるまで焼く。

フレンチトースト

モミモミでつくると卵液がパン全体によくなじみます。

材料（1人分）

食パン（6枚切り）…1枚

卵液

- 卵…1個
- 牛乳…大さじ2

バター…大さじ2

シナモンパウダー、メープルシロップ…各適量

つくり方

❶ ポリ袋に卵液の材料を合わせてモミモミして混ぜる。

❷ 食パンを4等分に切って①に入れ、卵液を全体にしみ込ませる。

❸ ホットプレート（鍋）にバターを熱し、②を入れて両面を香ばしく焼く。皿に盛ってシナモンパウダーをふり、メープルシロップをかける。

コーンスープ

スープといえばコレ！といわんばかりによくつくっていましたね。

材料（1〜2人分）

コーン（缶詰、クリームタイプ）…1缶（180g）
牛乳…1カップ
塩…小さじ½
粗挽き黒胡椒…少々

つくり方

ホットプレート（鍋）にクリームコーン、
牛乳、塩を入れて沸かし、
器に盛って粗挽き黒胡椒をふる。

白がゆ

元気の出ない日でも
おかゆを食べると、笑顔が戻り、
気分も落ち着くようでした。
梅干しで日の丸仕立てにすれば
なおさらのこと。

つくり方

米½カップを洗い
ホットプレート（鍋）に入れ、
水３カップ、
塩少々を入れる。
15分浸水させてから
強火にかけ、
沸騰したら弱火にして
15分炊き、５分蒸らす。

おにぎりと茶節

茶節とは、
鹿児島県南部地方の郷土料理。
湯呑みにかつお節と麦味噌を入れ、
熱い緑茶を注いだものです。
おにぎりは1個50gの一口サイズ。
食欲のないときでも
このサイズならば
無理なく食べられます。

つくり方

椀に味噌大さじ½、
削り節２ｇを入れて
煎茶180㎖を注いで混ぜ、
焼き海苔を加えて混ぜる。

パタカラ　パタカラ

パタカラ　　パタカラ　　パパパパ　　タタタタ
カカカカ　　ララララ

母は食事の前に必ずこの呪文を5回ほど唱えていました。口の周りの筋肉を鍛えるために有効なパタカラ体操です。大きな声で一文字ずつ、できるだけ早く唱えるのがいいようです。食事の前に唱えると飲み込みや唾液の分泌に効果的と言われています。

パ　口の周りの筋肉を鍛える↓食べこぼし防止
タ　舌先の筋肉に作用↓食べ物を口の中に送り込む

カ　喉の奥の筋肉に作用→食べ物を食道に送る
ラ　舌全体の筋肉に作用→食べ物を飲み込む動き

ちゃんと理にかなっているのですね。食べ物を喉の奥まで上手に運ぶだけではなく、話す機能にも有効だとか。食べること、そしておしゃべりが好きな母でしたから、この口の体操は欠かすことがありませんでした。舌の筋肉が弱るとうまく飲み込めなくなってむせてしまったり、食べこぼしたり、さらに鼻呼吸もスムーズにできなくなるといいます。

母が最後まで自分で食べて飲み込むことができたのも、この口体操を欠かすことなく毎日続けていたからだと思います。

私のメキシコ土産のトルティーヤチップスが気に入り、それからカラムーチョをよく食べるようになりました。カリカリといい音をさせて！
母は「年寄りだから」という境界線を引くことはありませんでした。

チキンソテー

材料（1～2人分）

鶏もも肉…1枚（150g）
鶏肉の下味
　塩、粗挽き黒胡椒…各少々
大根おろし…適量
ポン酢（混ぜ合わせる）
　醤油、レモン汁…各大さじ1
　砂糖…大さじ½
ブロッコリー…¼個

つくり方

❶ 鶏肉に下味用の塩、胡椒をふる。
ブロッコリーは小房に分ける。

❷ ホットプレート（鍋）に鶏肉の皮を下にして入れる。
ブロッコリーも入れ、
蓋をして中火で5分ほど蒸し焼きにして
ブロッコリーを器に取り出す。

❸ 鶏肉を返してさらに3分ほど蒸し焼きにして
まな板に取り出し、
食べやすく切って②の器に盛る。
大根おろしを添え、ポン酢をかけて食べる。

大根おろしと
ポン酢でさっぱりと。
しっかり噛んで
肉の旨味を
堪能してください。

とんかつ

材料（1人分）

豚ロース肉（薄切り）…4枚
豚肉の下味
　塩、胡椒…各少々
衣
　小麦粉…大さじ1
　卵…1個
　パン粉…大さじ2
米油…¼カップ
キャベツ…1枚
えごまの葉…1枚
ミニトマト…1個
レモン（くし形切り）
　…適量
中濃ソース…適量

つくり方

❶ 豚肉を4枚重ねて下味用の塩、胡椒を片面にふり、6等分に切って小麦粉、溶き卵、パン粉の順に衣をつける。

❷ キャベツにえごまの葉を巻いてせん切りにし、トマトは2等分に切ってともに器に盛る。

❸ ホットプレート（鍋）に米油を熱し、①を中火でこんがりするまで両面を揚げ焼きにし、②に盛り、レモンを添える。ソースをかけて食べる。

少なめの油でもカリカリ、香ばしく仕上がります。残った油は肉の旨味が出ているので、炒め物に使い回すのがおすすめです。

薄切り肉を重ねてつくる
お手軽とんかつは
ジューシーでソフトな歯ざわり。

母は話し好き

母は人と話すことが大好きでした。何の気負いもなく、電車で隣り合った赤ちゃんに話しかけることもしばしばです。ちょっとしたことをママの方に質問したり、ときには服を褒めたり。知り合いならなおさらのこと。まずは「お元気ですか？」と質問を投げかけます。そういえば母は問いかけることが多く、自分のことを話すのは後回しでした。家業の天ぷら屋の女将としてずっと父を支えてきたこともあり、人の話を聞くのが板についていたのだと思います。お客様に「看板娘」と言われてましたから。

若いお客様の恋愛相談まで受けたりして。そんなことから仲人になったりもしていましたね。そうやって母はいろいろな方とのおしゃべりを楽しんでいました。

母はその日の出来事や流行など、世の中の流れを知るために、積極的にテレビを観たり、新聞を読んだりしていました。傍にメモを置き、気になることや新しい情報を書き留めます。なんと、それは帰宅した姉とのおしゃべりで使うネタになっていたのです。楽しくコミュニケーションを取りたい、というサービス精神旺盛な母らしい計らいでした。毎日の蓄積は功を奏し、姉よりも私よりも母は世の中の事情をよく理解していたと思います。

そして特筆すべきは、母のおしゃべりには「悪口」が皆無だ

電気屋のおにいさんや知り合いなど訪ねてくださった方に、お茶とお菓子を出すことを忘れませんでした。お盆に茶碗と小さな皿をセット。自分のお菓子箱からおやつを選んで「はい、どうぞ」。ここでもおしゃべりが弾みます。

ったことです。これだけおしゃべりをしていれば一つや二つ、悪口や噂話があっても仕方ないと思いますが、母の口から人の悪口や噂話を聞いたことはありませんでした。

話を聞いて理解し、考えて自分の意見を言う。人と会話をするには頭を使います。もちろん口の周りの筋肉や唇も舌も使います。おしゃべりを楽しむことは、母から教わった「元気に生きる」ためのポイントの一つです。

母の日記帳は何十冊にも及びます。
中にはその日に誰かとおしゃべりしたことや、
感じたことなどが小さな文字でびっしりと
書き込まれています。
私は旅をしながら料理を学んでいましたが、
まだ携帯電話がなかった頃は海外のホームステイ先から
四苦八苦しながら母に電話をしていました。
日本から遠く離れたユーラシアの小さな国からの
おしゃべりも、ちゃんと日記に記されていました。
母の良き思い出は、
今、私の素敵な思い出になっています。

体操教室と書道教室
曜日を決めて外出することも楽しんだ

元気に体を動かしながら、いつまでも若々しくいたい、とは誰もが思うことです。

母が80歳も半ばを過ぎた頃、体を動かすプログラムもあるし、同じ世代の方々ともお友達になれるのでは、と地元のデイケアに誘い出したことがありました。簡単な体操をしたり、歌を歌ったりして時間を過ごしましたが、母はどうも物足りなかったようでした。そして彼女が出した結論は、体操をするならば基本からしっかり教えてもらえる体操教室に通う、ということでした。それからは毎週１回、体操教室に出かけて汗をかくようになりました。90歳から１０１歳まで10年以上通って、お休みしたのはたったの５回！　なかなかの根性です。姉と３人で旅行をしようと予定していましたが、その日は体操教室だから、と母は譲らず。結局、母の帰宅を待って出かけることに。もう少し早く出発できれば温泉にもゆっくりつかれるのに、と姉と文句を言ったものでした。

　また、母は書道教室にも通っていました。きっかけは指の骨折。右中指を骨折してしまった母は、そのリハビリとして意外なことに書道教室を選んだのです。指が治った後もやめず、結局、こちらも10年以上は通っていたと思います。指への負担を最小限にしたいということもあり、母は小筆で書く「かな書道」

母はきっちり身だしなみを整えてから出かけて行きました。外出は気持ちも引き締まりますし、ワクワクします。面倒がらず、出不精にならず、外出を生活の一部にしていくのが母のやり方でした。

を学んでいました。のびのびとした流れるような筆運びは、人柄を現しているように思います。

母は、中途半端は嫌いで、同じやるならばきっちり習って自分のものにしたいと思う人でした。私が料理研究家として仕事をしていられるのも母の熱い信念のお陰です。また、母にとって「外出」は日々の生活の中で大切なアクセントでもありました。木曜日は体操教室、というように1週間の中に行事を入れることで生活にメリハリが生まれます。しかもおしゃべりが好きでしたから、習い事を通して人との会話を大いに楽しんでいたのだと思います。

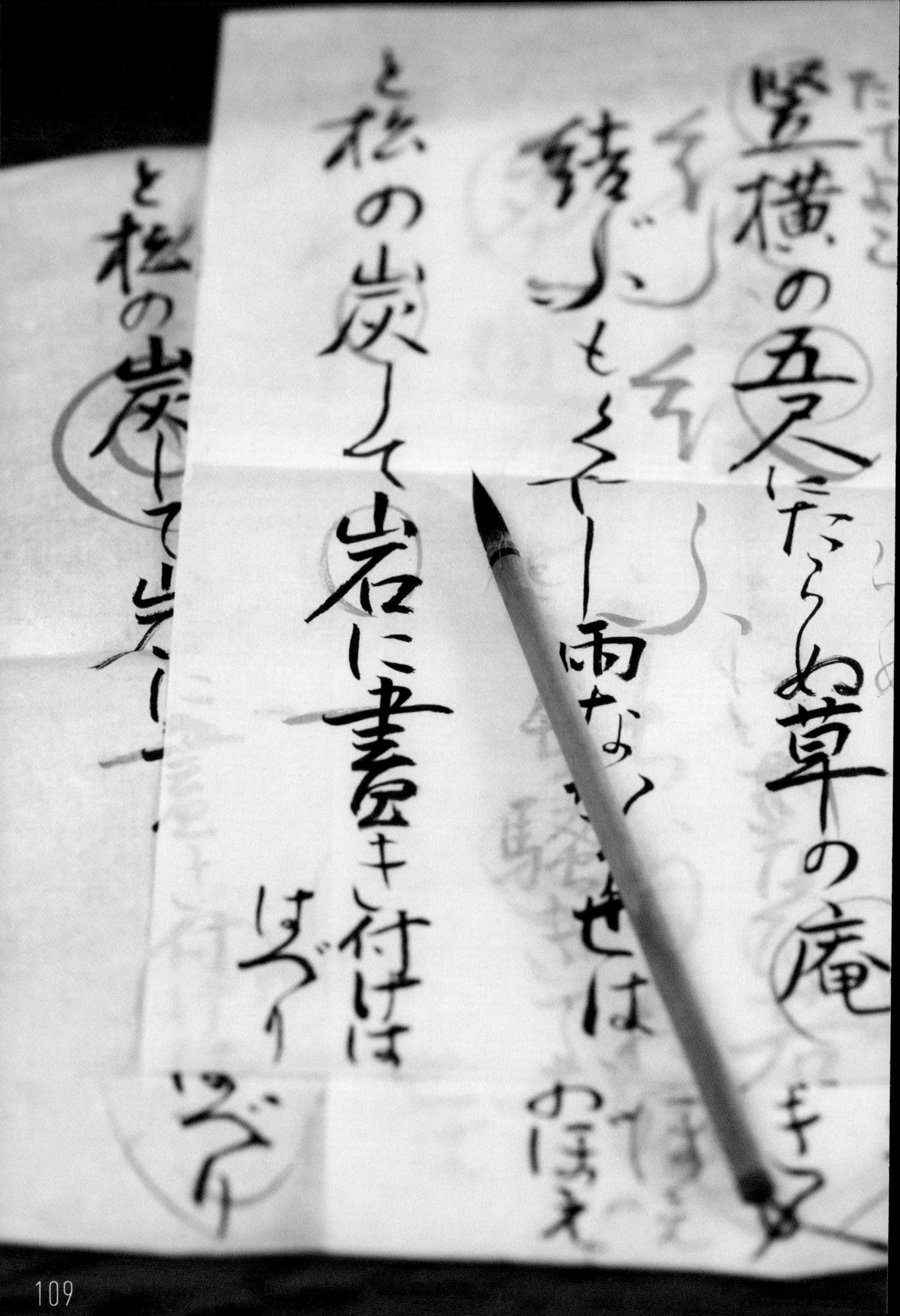
竪横の五尺にたらぬ草の庵
と松の炭して岩に書き付けはべり

身だしなみを整えるのが朝の日課
月に一度の髪と肌のお手入れも楽しみの一つ

朝起きて、体操や洗顔を済ませた母は、着替えをして、髪を整え、軽くお化粧をします。このように身だしなみを整えるのが日課でした。高齢になると着替えるのが億劫、と日夜変わらない格好で生活している方も少なくないと聞いたことがありますが、長年、飲食店の女将として働いてきた母にとって、身だしなみを整えることは当たり前のことでした。

そして、月に1回、「ベル ジュバンス」というサロンに出かけるのも楽しみの一つでした。気心の知れたお店の方々と一か

美肌に良いと言われている発酵食品ですが、母も好んで食べていました。なんといっても好きだったのがチーズ。カマンベール、パルミジャーノレッジャーノ、ブルーチーズ。個包装のものを常備して、気楽につまんでいました。

月ぶりの挨拶を交わし、近況を報告し合うのも心なごむ時間だったのでしょう。もちろん、髪や肌のメンテナンスをしてもらうのは気持ちの良いものです。何よりきれいになるのは嬉しいですものね！

先に１００歳の誕生日会の写真をご覧いただきましたが、１００歳にしては髪にはツヤがあり、肌はしっとり。毎日の生活や、培ってきた自分への癒しの積み重ねはちゃんと現れるものだなあ、としみじみと観察したことを覚えています。

読者の皆様方が１００歳まであと何年あるかはわかりませんが、少しでも若く、少しでもきれいに、と毎日自分に磨きをかけていれば、効果は出てくるはず。そもそも、そういう気持ちを持つことこそが、若くきれいにいるコツなんだと思います。

漬物好きの母がいちばん好きだったのはキムチ！ ごひいきの味を求めて、毎回デパートまで買いに行くほど。キムチには生姜や唐辛子も入っているので血行や代謝も良くなっていたのではないかと思います。

キムチャーハン

材料（1〜2人分）

ご飯…200g
豚肉（こま切れ）…50g
白菜キムチ…100g
にら…2本
胡麻油…大さじ1

つくり方

❶ キムチ、にらはともに粗いみじん切りにする。

❷ ホットプレート（鍋）に胡麻油を熱して
豚肉とキムチを炒め、
ご飯を加えて全体を混ぜ、
にらを加えてご飯がパラパラになるまで炒める。

たっぷりのキムチは
103歳の美肌づくりに
一役買っていたはずです。

粕汁

材料（2～3人分）

塩鮭（切り身、甘塩）…1切れ
味噌、酒粕…各大さじ1½
大根…30g
長いも…2㎝
長ねぎ…10㎝
水…2½カップ

つくり方

❶ 鮭は一口大に切り、
大根と長いもは皮をむいて2㎜幅のいちょう切りに、
長ねぎは1㎝長さのぶつ切りにする。

❷ ホットプレート（鍋）に水を入れ、
①を加えて弱火で15分ほど煮る。
煮汁で味噌と酒粕を溶いて加え、全体を混ぜる。

酒粕は硬いので（とくに板状のもの）、煮汁で溶いてから加えると、溶け残ることもなく、全体に味がなじみます。発酵食品の中でも特に優秀な酒粕を日々の食卓に！

鮭で味良し、
彩りも良し。
体の芯から温まります。

とん汁

材料（2〜3人分）

豚バラ肉（薄切り）…50g
味噌…大さじ2
じゃがいも（小）…1個
にんじん…20g
玉ねぎ…⅙個
水…2½カップ
七味唐辛子…少々

つくり方

❶ 豚肉は4㎝長さに切る。
じゃがいもは皮をむいて小さめの一口大に切り、
にんじんは3㎜厚さのいちょう切りに、
玉ねぎは薄切りにする。

❷ ホットプレート（鍋）に水、
①を入れ15分ほど弱火で煮る。
味噌を加えて混ぜ、
器に盛って七味唐辛子をふる。

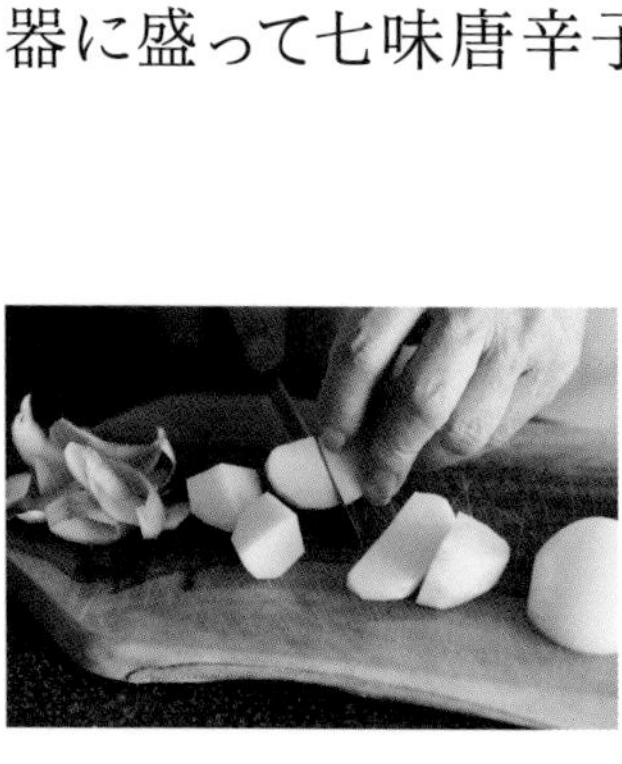

じゃがいもは小さめに切るのがポイント。火の通りも早く、グッと食べやすくなります。

「老人食は
具材を小さめに切る」は、
母のとん汁から
学びました。

「ボケたくなければ料理をつくる」母は見事に100歳までやり遂げた

ときにはしんどかったり、どこかが痛かったり、私達だって毎日が絶好調というわけにはいきません。ましてや高齢になると体力も落ちますから、母にも元気が出ない日があったはずです。それでも、毎日料理をしていました。

88歳のとき大腿骨骨折をして半年間の入院生活をした後はそれまでのように一人での買い物は厳しくなりましたが、幸いマンションの下がスーパーだったので、姉や私と連れ立って買い物にも行っていました。食べた後の片づけももちろん自分でやっていました。なるべく洗い物を少なくする工夫もし、また、できないときは無理をせず、新聞紙などで汚れを拭いてシンクにまとめておき、翌日洗うようにしていました。

母が「もう料理はできない」と言ってきたとき、私は「ボケたくなければ料理をつくろう」と提案しました。元気に生きる上でいちばん大切なのは、「自分でつくって自分で食べる生活」だと思っているからです。母は料理を続けることを選び、見事に１００歳超えまでやり遂げました。しかも90歳を過ぎるまでは姉のお弁当までこしらえていましたから大したものです。自分のベッドで最期を迎えたい、というかねてからの願いを成就できたのも、料理をコツコツとつくり続けてきたお陰だと思っています。

料理を作って、器に盛って、はい、いただきます！　器や箸のセッティングやご飯や飲み物の準備など、卓上クッキングの段取りに慣れればとにかく楽チンです。

三色弁当

材料（1人分）

炒り卵
- 溶き卵……1個分
- 塩…少々
- 砂糖…大さじ½

鶏そぼろ
- 鶏挽き肉…100g
- 塩…小さじ⅕
- 醤油…小さじ1
- 砂糖…小さじ½

ほうれん草ナムル
- ほうれん草…2株
- 塩…小さじ¼
- 胡麻油…大さじ½

ご飯…200g

海苔、白煎り胡麻
…各適量

つくり方

❶ ホットプレート（鍋）に
炒り卵の材料を入れて弱火にかけ、
混ぜながら半熟状になるまで火を通して取り出す。

❷ 続けて鶏そぼろの材料を入れて中火にかけ、
混ぜながら火を通して取り出す。

❸ 続けて水½カップ（分量外）を熱して
ざく切りにしたほうれん草、塩を入れて
ほうれん草をゆで、ザルに上げて胡麻油をまぶす。

❹ 弁当箱にご飯を入れて海苔をのせ、
①、②、③を盛って、③に胡麻をふる。

姉のお弁当に
よくつくっていた、
母の得意料理です。

チキンカレー

材料（1〜2人分）

鶏むね肉（皮なし）…120g
玉ねぎ（粗いみじん切り）…½個分
にんにく、生姜（すりおろし）…各小さじ1
トマトの水煮（カットタイプ）…½カップ

A
- クミンシード…小さじ½
- ローリエ…1枚
- 赤唐辛子…1本

B
- 塩…小さじ1
- カレー粉…大さじ1
- 水…1½カップ

バター…大さじ1
ガラムマサラ…小さじ½
米油…大さじ2
温かいご飯…適量

つくり方

❶ ホットプレートに米油を熱し、Aを入れて香りが出るまで炒め、玉ねぎを加えて混ぜながらきつね色になるまで炒める。にんにく、生姜、トマトを加えてさらに炒める。

❷ 鶏肉を一口大に切ってBとともに加え、蓋をして中火で15分ほど煮る。

❸ バター、ガラムマサラを加える。器にご飯を盛ってカレーをかける。

大好きな
スパイスカレーは、
チキンが定番でした。

エピローグ

老いにはウォーミングアップが必要
これが最後に母から教わったこと

子供は小学校に入る前に幼稚園や保育園に通い、家族だけではない「社会」の一人として生きる準備をしていきます。

ところが、「老いる」ということに関しては、あまりにも無頓着な人が多いのではないかと私は思っています。身に降りかかってきた老いに直面すると、「この間まではできていたのに」と焦ったり、落ち込んだり。老いは避けては通れないことにもかかわらず、私も「まだ先」と言い訳をして、なかなか受け入れられずにいました。

老いは、ゆっくりと時間をかけて訪れるものですが、心の整理ができていないと、なんだか急にやってきてしまったような錯覚に陥ります。

身体的には40歳を過ぎた頃から老いに向けてスタートを切ると言われます。とはいえまだまだ頑張りもききますし、働き盛りの年頃ですから老いのことなどを考える暇はありませんよね。私が老いを実感したのは、やはり60歳を過ぎた頃からでした。人生100年の時代です。最期まで健やかに過ごすためには、私は老いへのウォーミングアップが大切だと考えています。それは、

●料理をする
●毎日の生活の中で体内リズムを整える（食べる、動く、休む）
●何事にも感謝をする
●人と話す
●体操などをして、ボディケアをする
●今日は何をするか一日の予定を決め、三行日記を書く
●身繕い、おしゃれをする

これらのことを当たり前にできる習慣を身につけること。これこそが老いへの賢い準備だと思っています。

年をとれば体はどうしても衰えてきます。その衰えに気がついたときでは遅いのです。できることは自分でやりながら、できるだけ長く、元気で楽しく暮らす。それを成し遂げた母が実践してきた、何にも代えられない素敵な生き方を、一人でも多くの方々と共有できれば幸せです。阿部ハルに感謝！

料理には、
生きるヒントが
たくさん詰まっています。
つくる楽しみ、
食べる喜びを、毎日！

荻野恭子

料理研究家、栄養士、サロン・ド・キュイジーヌ主宰。ユーラシアをはじめ、65か国以上の国を訪れ、家庭や店で土地の料理を学ぶ。日本でつくれるレシピに置き換えて多くの雑誌や本で紹介している。塩ラバーであるが故、塩使いの達人でもある。「塩ひとつまみ　それだけでおいしく」（女子栄養大学出版部刊）、「ビーツ、私のふだん料理」（株式会社扶桑社刊）、「ポリ袋で簡単！もみもみ発酵レシピ」（株式会社池田書店刊）など、著書も多数。

103歳の食卓
母とつくり上げた
卓上クッキング

2023年11月30日　第1刷発行

著者　荻野恭子
発行者　鈴木勝彦
発行所　株式会社プレジデント社
〒102-8641
東京都千代田区平河町2-16-1
平河町森タワー13F
https://www.president.co.jp/
https://presidentstore.jp/
電話03-3237-3731（編集・販売）

撮影　鈴木泰介
アートディレクション　中村圭介
デザイナー　藤田佳奈、鈴木茉弓
（ナカムラグラフ）
料理アシスタント　高橋佳代子
校閲　小宮山敏子
企画・構成　中村裕子
編集　町田成一
制作　関 結香
印刷・製本　TOPPAN株式会社

ISBN978-4-8334-4057-8
Printed in Japan